Ich wünsche Dir,
dass Du jeden Tag vom Morgen
bis zum Abend fröhlich bist,
und mögest du immer Glück haben
und ein Lied in deinem Herzen.

Irisches Segenswort

Wieder ist ein Jahr vergangen...

Ein Lebensjahr hat seine Freuden und Ängste, seine Hoffnungen und Sehnsüchte tief in Ihr Leben eingegraben. Nicht immer waren Sie glücklich und zufrieden, oft haben Sie auch an traurige Erfahrungen zurückgedacht. Haben sich erinnert an die Tage, in denen Sie Trost und Zuspruch brauchten.
Dieses Geburtstagsheft will Ihnen im neuen Lebensjahr ein treuer Begleiter sein. Holen Sie es immer wieder mal hervor, um sich an den farbenfrohen Aquarellen des Künstlers Erwin W. Friese zu erfreuen. Wie kein anderer versteht er es, die Welt in luftig-leichten Farben erstrahlen zu lassen.
Seine Bilder sind ein Spiegel von Gottes wunderbarer Schöpfung, die unsere Augen und Herzen erfreuen soll.
In dieser schnelllebigen und lauten Zeit tut Besinnung gut. Ruhe hilft uns weiter, lässt uns wieder menschlich werden. Gott möchte uns die kraftvolle Ruhe seiner Gegenwart im Gebet schenken.
Vertrauen Sie auf Gottes Zusage, er ist Ihnen in den Stürmen des Lebens nahe.
Ich wünsche Ihnen von Herzen Gottes Segen zu Ihrem Geburtstag. Möge der barmherzige Gott Sie auch im neuen Lebensjahr durch sein Wort leiten und Ihnen Freude und Frieden schenken.

Getroste Verzweiflung

Der berühmte Tübinger Theologe Karl Heim erzählte in einem seiner Bücher: Mir bleibt unvergesslich, wie einer meiner Schüler beim Baden beinahe ertrank. Aber im letzten Augenblick kam ein starker Schwimmer, umfasste ihn und trug ihn durch die Wellen ans Land. Als ich das Gesicht des jungen Menschen sah, der mit erschöpfter Kraft an seinem Retter hing, da verstand ich das Wort, das Luther an den bekümmerten Augustinermönch Georg Spenlein in Memmingen schrieb: „Nur durch getroste Verzweiflung an dir selber wirst du Frieden finden."
Ja, das ist es, was wir lernen müssen: Nur durch getroste Verzweiflung an uns selber können wir Frieden finden. Alle Führungen Gottes in unserem Leben laufen darauf hinaus, dass wir jenes schwerste Gebet beten lernen: **„Wenn mir doch gleich Leib und Seele verschmachtet, so bist du doch, Gott, allezeit meines Herzens Trost und mein Teil."**
Jede Stütze und Planke würde uns unabhängig machen von Gott selber. Wir wären dann nicht mehr von Augenblick zu Augenblick ganz allein von seiner Gnade abhängig. Wir wären nicht mehr darauf angewiesen, von ihm selber durch die Wellen getragen zu werden.

Motiv rechts: Martin Luther

Der Blinde und der Lahme

Ein Blinder und ein Lahmer wurden von einem Waldbrand überrascht. Die beiden gerieten in Angst. Der Blinde floh gerade aufs Feuer zu. Der Lahme rief: "Flieh nicht dorthin!". Der Blinde fragte: "Wohin soll ich mich wenden?". Der Lahme: "Ich könnte dir den Weg vorwärts zeigen, so weit du wolltest, da ich aber lahm bin, so nimm mich auf deine Schultern, damit ich dir angebe, wo du den Schlangen, Dornen, dem Feuer und anderen Gefahren aus dem Weg gehen kannst, und damit ich dich glücklich in die Stadt weisen kann." Der Blinde richtete sich nach dem Lahmen Worten, und so gelangten die beiden wohlbehalten in die Stadt.

Ins Blaue wachsen

Sie, liebes Geburtstagskind, sollen ermutigt werden zu wachsen — ins Blaue zu wachsen. Aber auch nicht in irgendein Blau hinein, nicht in irgendeine irdische Farbe, sondern in das Blau des Himmels, in das Blau Gottes hinein.
Das verlangt natürlich eine andere Einstellung zum Leben, eine andere Richtung unseres Gehens, einen anderen Blick zu sehen.
Mehr zu sehen, tiefer zu sehen, zu wachsen und zu erkennen, das wünsche ich Ihnen von Herzen.

Es war einmal ein kleiner Junge, der lebte in einem Haus auf einem grünen Hügel. Er war glücklich. Und doch fehlte ihm etwas zu seinem Glück, denn da gab es etwas, das er sich mehr als alles auf der Welt wünschte: Jeden Tag gegen Abend, wenn die Sonne allmählich sank, saß er auf der Schwelle, stützte sein Kinn in die Hand und starrte über das weite Tal hinüber zu einem Haus, das goldene Fenster hatte. Wie Diamanten leuchteten sie! Es war ein wunderbarer Anblick, und er konnte sich nicht satt sehen, und er wünschte sich sehnlichst, dass er einmal in einem solch schönen Haus wohnen könnte. Tag für Tag, Jahr für Jahr faszinierte ihn das Haus mit den goldenen Fenstern, und als er schließlich alt genug war, um in die Schule zu gehen, beschloss er, das Haus seiner Träume endlich kennen zu lernen.
An einem Nachmittag im Sommer machte er sich auf den Weg. Aber er brauchte länger, als er gedacht

hatte, und als schließlich ankam, war die Sonne bereits untergegangen. Er erlebte eine schreckliche Enttäuschung: das Haus hatte gar keine goldenen Fenster, ja es war nichts anderes als ein einfaches Haus mit ganz gewöhnlichen Fenstern. - In diesem Haus lebten ein Mann und seine Frau, und da es schon zu spät für den Rückweg war, behielten sie den kleinen Jungen über Nacht bei sich. Wie groß aber war seine Überraschung, als er am frühen Morgen erwachte und aus dem Fenster schaute: Fern über dem Tal stand ein anderes Haus mit goldenen Fenstern, und jedes einzelne Fenster blinkte und blitzte so herrlich, wie er es nie zuvor gesehen hatte.
Voller Erwartung lief er darauf zu.
Da erkannte er es: Es waren die Fenster des Hauses, in dem er mit seinen Eltern wohnte.

Der Himmel

Es war einmal ein kleiner Heiliger, der hatte viele Jahre ein glückliches und zufriedenes Leben geführt. Als er eines Tages gerade in der Klosterküche beim Geschirrabwaschen war, kam ein Engel zu ihm und sprach: „Der Herr schickt mich zu dir und lässt dir sagen, dass es an der Zeit für dich sei, in die Ewigkeit einzugehen."
„Ich danke dem Herrgott, dass er sich meiner erinnert", erwiderte der kleine Heilige. „Aber du siehst ja, was für ein Berg Geschirr hier noch abzuwaschen ist. Ich möchte nicht undankbar erscheinen, aber lässt sich das mit der Ewigkeit nicht noch so lange hinausschieben, bis ich hier fertig bin?"
„Der Engel blickte ihn nach Engelsart weise und huldvoll an, sprach: „Ich werde sehen, was sich tun lässt", und verschwand. Der kleine Heilige wandte sich wieder seinem Geschirrberg zu und danach auch noch allen möglichen anderen Dingen. Eines Tages machte er sich gerade mit einer Hacke im Garten zu schaffen, da erschien auf einmal wieder der Engel. Der Heilige wies mit der Hacke gartenauf und gartenab und sagte: „Sieh dir das Unkraut an! Kann die Ewigkeit nicht noch ein bisschen warten?" Der Engel lächelte und verschwand abermals.
Der Heilige jätete den Garten fertig, dann strich er die Scheune. So werkte er fort, und die Zeit ging dahin.... Eines Tages pflegte er im Hospital die

Kranken. Er hatte eben einem fiebernden Patienten einen Schluck kühlen Wassers eingeflößt, da sah er, als er aufblickte, wieder den Engel vor sich.
Dieses Mal breitete der Heilige nur mitleidheischend die Arme aus und lenkte mit den Augen des Engels Blicke von einem Krankenbett zum anderen. Der Engel verschwand ohne ein Wort.
Als der kleine Heilige sich an diesem Abend in seine Klosterzelle zurückzog und auf sein hartes Lager sank, sann er über den Engel nach und über die lange Zeit, die er ihn nun schon hingehalten hatte. Mit einem mal fühlte er sich schrecklich alt und müde, und er sprach:

„O Herr, könntest du deinen Engel doch jetzt noch einmal schicken, er wäre mir sehr willkommen." Kaum hatte er geendet, stand der Engel schon da.... „Wenn du mich noch nimmst", sagte der Heilige, „so bin ich nun bereit, in die Ewigkeit einzugehen!". Der Engel blickte den Heiligen nach Engelsart weise und huldvoll an und sprach: „Was glaubst du, wo du die ganze Zeit gewesen bist?"

Albert Schweitzer

Wie Kathi sich Gott vorstellt

„Gott ist ganz anders als wir", sagt der Lehrer zu den Kindern. „Er ist ein Geheimnis. Wir Menschen können ihn uns nicht vorstellen."
„Ich will mir aber vorstellen!", ruft Kathi. Der Lehrer lacht. „Du kannst es ja versuchen, Kathi. Nur darfst du ihm nicht vorschreiben, dass er so sein muss, wie du ihn dir vorstellst."
„Eh nicht", sagt Kathi. Und Kathi denkt nach und denkt sich Bilder aus: Hätte Gott Füße wie wir, so würde er barfuß gehen, damit er den Sand zwischen den Zehen spürt, das kühle Moos auf den Steinen im Bach, den harten Beton. Er würde alles spüren und spüren wollen.
Hätte Gott eine Stimme wie wir, er würde lachen und weinen, und Kathi könnte schon am Klang seiner Stimme merken, wie er es meint.
Manchmal hätte er eine Stimme wie der Schaffner in der Straßenbahn: „Mädchen, jetzt halt dich fest, jetzt kommt eine blöde Kurve!"
Manchmal hätte er eine Stimme wie Jakob, wenn sie gestritten haben: „Kathi, magst mich nicht fragen, ob ich schon wieder gut bin?"
Manchmal hätte er eine Stimme wie Kathis Mutter, wenn sie am Abend die Decke um Kathi festdrückt und sagt: „Jetzt schlaf gut, du bist meine liebe Kathi!" - Gott spricht viele Sprachen und verbirgt sich hinter vielen Gesichtern....

Danken will ich

für den bunten
Blumenstrauß,
die Geburtstagskarten,
die Geburtstagstorte,
die Geschenke
und die liebevollen
Freundlichkeiten
und Gratulationen
meiner Gäste.

Danken will ich
vor allem Dir,
mein HERR,
für diesen Tag,
für diese Stunden,
für dieses Leben.

Roland Leonhardt

Es geht Frieden von einem Menschen aus, dessen Herz in Gott ruht.